AF194852

Jan J. Laurenzi

Der Prophet des Gemetzels

Albert Caraco und der Untergang
der menschlichen Ordnung

Aphorismen & Reflexionen

Über dieses Buch:

Es braut sich etwas zusammen: Das Klima scheint in nicht allzu ferner Zeit zu kippen, Corona kann der Auftakt zu gefährlichen Pandemien gewesen sein, Cyberattacken legen immer häufiger Schlüsselbereiche von Wirtschaft und Gesellschaft lahm. Die Welt fährt nicht gerade in ruhigen Gewässern. Zeit also für Unheils-Propheten? Die gibt es heute, gab es aber auch schon vor Jahrzehnten. Der selbsternannte Philosoph Albert Caraco (1919 – 1971) war ein solcher. Mit hasserfüllten Fluchreden über Staat, Religion und Gesellschaft sagte er die nahe Apokalypse voraus und den Untergang der bestehenden menschlichen Ordnung. Mit dem Abstand von einigen Jahrzehnten wird die Aktualität dieses misanthropischen Einzelgängers überraschend deutlich. Seine messerscharfe Analyse lässt aufhorchen. Keine leichte Kost für Leute, die durch die enormen Fortschritte in Wissenschaft und Forschung ein technologisches Schlaraffenland kommen sehen.

Bibliografische Information der Deutschen Nationalbibliothek: Die Deutsche Nationalbibliothek verzeichnet diese Publikation in der Deutschen Nationalbibliografie. Detaillierte bibliografische Daten sind im Internet unter http://dnb.d-nb.de abrufbar.

Impressum:
© 2021 Laurenzi, Jan J.
Herstellung und Verlag: BoD - Books on Demand, Norderstedt
ISBN: 9783754322550
Covergestaltung: Jan J. Laurenzi

Inhalt

Lesehinweis:
*Dies ist eigentlich ein „2in1-Buch": Der erste Teil um-
fasst aphoristische Texte, der zweite Reflexionen über
Leben und Werk von Albert Caraco. Die Teile sind jedoch nicht nacheinander angeordnet, sondern sozusa-
gen „simultan": Die Aphorismen finden sich immer auf
den linken Seiten, die Reflexionen fortlaufend auf den
rechten. Je nachdem, welchen Teil man lesen möchte,
folge man jeweils den linken oder rechten Seiten.*

Albert Caraco und „Madame Mère"

Dienstag, 7. September 1971: In einer Kleinstadt im US-Staat Minnesota stürzt ein fast 400 Meter hoher Fernsehturm während der Bauarbeiten ein und reißt sieben Arbeiter mit in den Tod. Ein weiterer Mann stirbt durch herabfallende Trümmer, zwei Männer, die sich im Sendegebäude aufhalten, werden bei dem Einsturz verletzt. Am selben Tag, rund 6.500 Kilometer weiter östlich in Paris: In der Rue Jean Giraudoux 34 im 16. Arrondissement, unweit des Arc de Triomphe gelegen, findet man zwei Tote. Im Bett die Leiche eines alten Mannes, gestorben eines natürlichen Todes. Daneben die des 52-jährigen Sohnes. Er hatte Suizid begangen. Gibt es einen Zusammenhang zwischen beiden Ereignissen? Nein. Es sei denn, man spekuliert: Den Einsturz des Fernsehturmes hätte der Selbstmörder möglicherweise als Symbol gedeutet. Als Zeichen für den metaphysischen Hintergrund seines Todes, mehr noch, seines gesamten Lebens. So wie beim Tod Jesu die Erde bebte und der Vorhang im Tempel zerriss, so hätte die Natur auch bei seinem Tod ein Zeichen gegeben. Und das völlig zurecht, denn der Mann sah sich als Prophet und Verkünder des

Der Gedanke, dass ich sterben werde, ist für mich einer der tröstlichsten, er versetzt mich in freudige Stimmung, und das ist der Grund für meine Härte, denn da ich keinerlei Nachsicht mit mir selbst habe, könnte ich kein Herz für die anderen aufbringen. So liebe ich guten Gewissens meinen Nächsten wie mich selbst.

Unheils. Sein Name: Albert Caraco.

Caraco hatte seinen Tod geplant. Er wollte sich umbringen, sobald der letzte verbliebene Elternteil verstorben war. Als Erstes starb seine Mutter (vom Sohn stets mit unverhohlener Distanz „Madame Mère" genannt). So musste der Tod des Vaters als Stichtag für seine Tat herhalten. Am 7. September 1971 war es so weit. Die genauen Umstände sind bis heute nicht abschließend geklärt. Im Allgemeinen wird von Erhängen gesprochen. Von Verwandten hingegen wird berichtet, Caraco habe sich die Kehle aufgeschlitzt und die Wände des Zimmers seien überall mit Blut bespritzt gewesen. Auch wenn man Ersteres für wahrscheinlicher halten kann - die blutigere Version hätte besser zu diesem Mann gepasst. Albert Caraco war ein abartiger Sonderling, ein schreibender Einzelgänger und fanatischer Misanthrop. Jemand nannte ihn einmal den Philosophen des Schlachthofs.

Seinen Namen kennt heute kaum noch jemand, obwohl er in beispielloser Schreibobsession rund dreißig Bände an Schriften hinterließ. In Vergessenheit war er nicht geraten, da er nie bekannt war. Niemand interessierte sich in den Jahrzehn-

Was ich vorbringe, klingt inhuman, aber das Jahrhundert wird immer inhumaner werden und die Predigten an diesem Merkmal nichts ändern, die Menschen werden sich vergeblich in die Tempel drängen, die Tempel werden schließlich über den Köpfen der Gläubigen einstürzen im Schatten des gemeinsamen Todes.

ten nach dem Zweiten Weltkrieg für die grotesken, abstoßenden und destruktiven Ideen dieses Schriftstellers. Da er nicht wahrgenommen wurde, musste er sein Werk auf eigene Kosten in der Schweiz drucken lassen. Albert Caraco wurde ignoriert, was für einen Schriftsteller wesentlich schmerzhafter ist, als von allen Gazetten verrissen zu werden. Letzteres ist wenigstens eine Form von öffentlicher Wahrnehmung. Eine solche gab es für Caraco so gut wie nicht. Bis zuletzt träumte er davon, doch noch berühmt zu werden. War er schließlich felsenfest davon überzeugt, ein bedeutsames und für die gesamte Menschheit wichtiges Werk geschaffen zu haben. Mag sein, dass dies mit ein Grund für den Hass ist, der sein Werk in den verschiedensten Facetten durchzieht – ein Hass auf die Menschen und das Leben an sich, der die Zerstörung als erlösendes Endziel sieht. Doch greift es zu kurz, die Ursache dafür einzig im Schicksal des persönlichen Scheiterns zu sehen. Albert Caraco hatte durchaus eine philosophische Botschaft. Diese in dem Gemenge aus Verwünschungen, Flüchen und Untergangsphantasien, die sein Werk durchziehen, herauszulesen, ist nicht einfach. Versucht man es und lässt sich auf die bisweilen hypnotische Kraft der Texte ein, muss man sich klar darüber sein, dass man sich dem Sog einer archai-

Die Welt wird bald nur noch eine Baustelle sein, auf der, Termiten gleich, Milliarden Blinde, geschäftig bis zur Atemlosigkeit, schuften werden, in Lärm und Gestank, wie Automaten, ehe sie aufwachen, eines Tages, dem Wahnsinn verfallen und sich gegenseitig umbringen, ohne müde zu werden.

schen Energie aussetzt. Diese muss einen jedoch nicht unbedingt ins Verderben hinabziehen, wie man vermuten könnte. Die Sogkraft kann auch den Weg in Richtung einer Inspiration nehmen, die hinter der Apokalypse auf mutige Leserinnen und Leser wartet – weniger im Sinne der Akzeptanz von Caracos eigenwilliger Weltanschauung, als in Hinsicht auf eine Erhellung übergeordneter Zusammenhänge.

Biographie eines Biophoben

Albert Caraco war jüdischer Abstammung. Seine Familie gehörte zu den sogenannten sephardischen Juden, die im Mittelalter von der iberischen Halbinsel vertrieben wurden und sich auf dem Gebiet des ehemaligen Osmanischen Reiches niedergelassen hatten. Die Caracos zählten zum angesehenen Bürgertum Konstantinopels, des jetzigen Istanbul. Dort kommt Albert 1919 als Sohn von José Caraco und Elisa, geborene Schwarz, auf die Welt. Er sollte das einzige Kind des Ehepaars bleiben. Der Vater ist wohlhabender Bankier. Geschäftliche Hintergründe dürften wohl dazu geführt haben, dass die Familie nicht

Von Zeit zu Zeit taucht ein Erlöser
in der Welt auf, aber die Botschaft
dieses Erlösers wird nie begriffen,
und das System zögert nicht, sie
ihren Bedürfnissen entsprechend
auszulegen ... Das System lässt die
Propheten reden, und wenn sie
fertig sind, hat es das letzte Wort.

lange nach Alberts Geburt Konstantinopel verlässt und sich in Mitteleuropa niederlässt. Kindheit und Jugend verbringt Albert in Berlin, Prag, Wien und Paris. Chancen, sich irgendwo zu verwurzeln, bieten ihm die häufigen Wohnortwechsel nicht. Längere Zeit bleiben die Caracos in Paris, wo Albert auch seine Schulabschlüsse macht. 1939 absolviert er eine angesehene Hochschule für Handel und Wirtschaft. Vielleicht sollte er ja in die Fußstapfen des Vaters treten, geschehen tut es jedoch nie. Sein ganzes Leben über wird Albert Caraco keinen bezahlten Beruf ausüben, der ihn ernähren könnte. Er wird bei den Eltern und von den Eltern leben.

Als 1939 Nazi-Deutschland seinen Nachbarstaaten mit Eroberung droht, erscheint der jüdischen Familie die Lage in Frankreich nicht mehr sicher. Sie beschließt, nach Lateinamerika auszuwandern. Über Brasilien und Argentinien kommt sie nach Uruguay, wo sie in der Hauptstadt Montevideo eine neue Bleibe findet. Dort scheint man sich wohlzufühlen und denkt an einen dauerhaften Wohnsitz. Die Caracos quartieren sich in der Calle Mariscal Estigarribia ein, einer kleinen Seitenstraße im Süden der Stadt, unweit vom Meer und dem Park Jose Enrique Rodó. Dort werden sie in einem der schmucken kleinen Häuser

Die Welt wird immer härter, immer kälter, immer düsterer und ungerechter werden und dem hereinbrechenden Chaos zum Trotz immer methodischer: Die Verbindung von Systemgeist und Unordnung scheint mir gar sein unstreitigster Charakterzug zu sein, niemals wird man mehr Disziplin und zugleich mehr Sinnlosigkeit, mehr Berechnung, mehr Paradoxe, endlich mehr gelöste, doch völlig vergeblich gelöste Probleme erblicken.

schließlich sesshaft. Alle drei Familienmitglieder nehmen die uruguayische Staatsangehörigkeit an und konvertieren zum Katholizismus – ob aus Überzeugung oder wegen der geschäftlichen Beziehungen des Vaters in dem katholischen Land, bleibt dahingestellt. Albert genießt nun eine katholische Erziehung, auch wenn er schon über 20 Jahre alt ist. Zunächst ist er von allem Katholischen beeindruckt, ja fasziniert; Jahre später jedoch wird die römische Kirche zu einem der wichtigsten Ziele von Caracos Hasstiraden werden.

Derweil denkt er nicht daran, in einem Beruf zu arbeiten, der seinem Abschluss in Paris entsprochen hätte. Stattdessen entdeckt er das Schreiben für sich. Die klassische Literatur hat es ihm angetan, sowohl deren Inhalte als auch deren Stil. Er schreibt in einem eloquenten Französisch und findet für erste Veröffentlichungen Anfang der 1940er Jahre auch Verleger in Buenos Aires und Rio de Janeiro. Es sind vor allem Gedichte und Erzählungen. Sie tragen deutlich symbolistische Züge und sind im Geiste einer aufgeklärten Mystik verfasst. Die katholische Erziehung hatte gewisse Spuren hinterlassen. Je mehr Caraco aber philosophiert und schreibt, desto weiter entfernt er sich vom Katholizismus.

Die Formen brechen auf, und die Inhalte entweichen, Maße und Gewichte sind gefälscht, das Urteil aufgeklärter Männer geht irre und die Falschmünze triumphiert ungestraft mitsamt den Betrügern, die sie in Umlauf bringen. Unsere Sprachen entarten, die schönsten werden hässlich und die allgemeinverständlichsten unklar, die Poesie ist tot, die Prosa hat die Wahl zwischen Wirrheit und Gemeinplatz.

Schließlich sagt er sich von seinem Glauben los und wird ein entschiedener Gegner von Kirche und Christentum.

Während in Europa der Zweite Weltkrieg tobt, ist für Albert Caraco in seinem uruguayischen Refugium das Schreiben zum Lebensinhalt geworden. Hierin übt er eine strenge Disziplin: Sechs Stunden am Tag sitzt er am Schreibtisch und bringt seine Texte zu Papier. Nach und nach bewegt er sich weg vom harmonischen Ideal der Klassik und verkommt immer mehr zu einem pessimistischen Misanthropen und galligen Schreiber. In diese Phase bricht das Kriegsende herein und damit der Wunsch des Vaters, wieder nach Europa zurückzukehren. 1946 ist es so weit: Mit Sack und Pack reisen sie nach Paris, der Stadt, aus der sie sieben Jahre zuvor gekommen waren. Die Familie bezieht eine Wohnung in der Rue Jean Giraudoux, wo ihre Geschichte 1971 schließlich auch enden wird. Albert bleibt in der französischen Hauptstadt der sture Nesthocker, der er immer war. Nichts kann ihn dazu bewegen, sein Leben auf eigene Beine zu stellen. Die Caracos entwickeln sich zu einem schicksalhaft verschworenen Dreigestirn.

Unsere schlimmsten Feinde sind die, die uns von Hoffnung sprechen und uns eine Zukunft der Freude und des Lichts, der Arbeit und des Friedens ankündigen, wo unsere Schwierigkeiten gelöst und unsere Wünsche erfüllt sein werden. Es kostet sie nichts, ihre Versprechen zu erneuern, uns aber unendlich viel, ihnen Gehör zu schenken, und wir gewinnen dabei nur falsche Vorstellungen.

Mit dem Frankreich der Nachkriegszeit konfrontiert, entwickeln sich Albert Caracos Gedanken zunehmend in eine nihilistische Richtung, die in seinen Schriften immer größeren Raum einnimmt. In ihm entfaltet sich zunehmend eine abgrundtiefe Verachtung - nicht nur für sich und seine persönlichen Lebensumstände, sondern auch für die staatliche und religiöse Ordnung, gleichzeitig ein Hass auf die Menschen, die Religionen, die Sexualität, die Frauen, ja letztlich das Leben selbst. Man wird Caraco nach seinem Tod schlicht als „biophob" bezeichnen. Als logische Folge seiner neuen Ansichten sieht er für die Menschheit nur eine Zukunft: den Kollaps aller menschlichen Ordnungen und deren Untergang. Obsessiv steigert er sich in diese Fantasie hinein und sieht sich schließlich als Verkünder einer von ihm als unabwendbar bezeichneten Apokalypse. Allein: Leser für diese düsteren Visionen findet er kaum, Verleger weisen ihn ab. Mit Müh und Not kann er seine Bücher in der französischsprachigen Schweiz drucken lassen – mitunter auf eigene Kosten. Sie tragen Namen wie *„Die Schule der Kompromisslosen", „Essays über das Böse", „Das Grabmal der Geschichte", „Die Lust und der Tod", „Gehorsam und Knechtschaft"* oder *„Das wöchentliche Schmerzensbuch"*. Seine heute bekanntesten Werke sind *„Brevier des Chaos"*

Es geht nicht mehr darum, sich hinzuge-
ben, das wäre zu einfach; es geht nicht
mehr darum, sein Kreuz zu tragen, das
wäre zu bequem; es geht nicht mehr
darum, jemandem nachzueifern, und
noch weniger, ihm zu folgen, das wäre
nichts anderes als ein Fluchtweg; von
nun an geht es darum, die Welt noch
einmal zu überdenken und das Offen-
kundige neu zu vermessen, neue Fundamente zu erwägen, abzustecken und zu
legen. Diese Pflichten haben vor den
anderen Vorrang.

und „*Das Reich der Sinne*". Sie sind auch auf Deutsch erschienen. Caraco ist von seinem Werk überzeugt, und auch davon, dass er einmal zu Ruhm und Ehre kommen würde. In seinem eigenen Selbstverständnis ist er ein Prophet des Untergangs, den die Massen ignorieren, verachten und verlachen. Spätere Generationen hingegen würden ihn und sein Werk anerkennen und schätzen lernen. Er schreibe nicht für die „dumme Masse" der Menschen seiner Generation. Seine Leserschaft sei noch gar nicht geboren. Hier hatte Caraco etwas, das er in seiner Weltsicht immer weit von sich wies: Hoffnung – wenn auch auf niedrigem Niveau: „*Ein Schriftsteller ohne Ruhm ist ein armer Mann. Ich wage es kaum, den Beruf zu erklären, den ich ausübe und niemand hat mich gelesen, die Blätter sprechen nie von mir, ich bleibe so viel wie möglich in meinem Zimmer, schreibe, warte, warte, schreibe, in der Hoffnung, dass ich endlich im Lichte meiner Schriften beurteilt werde.*"

Albert Caraco ist in den Jahren bis zu seinem Tod kein gewöhnlicher Einzelgänger, er sieht sich als radikalen Asketen, als jemanden, der sich ein strenges Möchdasein auferlegt – einer größeren Sache wegen, der er sich verpflichtet sieht. Diese

Die Musen haben die Erde verlassen, und die schönen Künste sind nun schon etliche Generationen tot, die Betrüger haben freie Bahn, und unglaublichere hat man noch nicht gesehen, aber das traurigste ist, dass die, die sich ihnen widersetzen, nichts als Gemeinplätze bieten.

Sache, der er dient, ist, den Untergang der menschlichen Ordnung so schnell und so gründlich wie möglich herbeizuführen. So macht er aus sich einen Diener der Vorsehung.

Madame Mère

Ein so eigenartig fremdes Leben, wie das des Albert Caraco, wirft natürlich Fragen auf: Wie kam es dazu? Was waren die Hintergründe? Hierauf Antworten zu geben, dürfte nicht allzu schwer sein in einer Zeit wie der unsrigen, in der „Psychologisches" zum Allgemeinwissen aller Bildungsschichten zu gehören scheint. Mit dem Ödipus-Komplex kann heute gewiss jeder etwas anfangen, und sei es mit der Ahnung, dass es sich „um etwas Sexuelles" handele. Diese Zuschreibung trifft auf Albert Caraco sicher zu, auch wenn die genauen Umstände in seinen jungen Jahren zu sehr im Dunkeln liegen. Eines ist wohl nicht von der Hand zu weisen: Das Lebensschicksal Caracos böte mehr als ausreichend Stoff für ein sexualpathologisches Drama – wäre der uns bekannte Stoff nicht so löchrig. Es bleibt nichts anderes übrig, als sich an die wenigen Stofffetzen zu halten, die wir hier in Händen haben.

Wir gehen in die planetarische
Katastrophe, und die Welt ist voller
Leute, die sie wünschen und sie
mehr und mehr wünschen werden,
um dem System zu entrinnen,
einem immer sinnloseren System,
das sich nur zum Nachteil des
Ganzen aufrechterhält, und folglich
zum Nachteil der Menschlichkeit
des Menschen.

Dass ein Mann bis zu seinem Tod im Alter von 52 Jahren bei den Eltern wohnt, ist gewiss außergewöhnlich, aber wohl nicht grundsätzlich pathologisch zu nennen. Eine solche Klassifizierung ist an sich schwierig, besonders wenn es sich, wie hier, um den weiten Bereich des Seelischen und Sozialen handelt. Was schon ist krankhaft? Den allgemein als gültig anerkannten Konventionen nicht zu entsprechen ist noch kein Pathologisierungsgrund. Unabhängig davon kann man aber sicher davon ausgehen, dass die Konstellation bei den Caracos konfliktträchtig gewesen sein muss. Das triadische Geflecht der Eltern mit ihrem Sohn, der sich konsequent weigert, erwachsen zu werden und ein eigenständiges Leben zu führen, dürfte daher unter dauerhafter Spannung gestanden haben.

Über Vater José wissen wir so gut wie nichts, außer dass er türkischer Jude und wohlhabender Bankier war. Anders sieht es mit Mutter Elisa aus. Sie erscheint öfter in Alberts Schriften, ja, er verfasst zu ihrem Tod sogar einen eigenen Text: *„Post Mortem"*. Aus den Schilderungen lässt sich entnehmen, dass das Verhältnis von Mutter und Sohn zeitlebens angespannt war – und dass die sexuelle Ebene dabei durchaus mitbeteiligt war. Die Beziehung erscheint in den Schilderungen

Nun predigen unsere Götter aber entweder Enthaltsamkeit oder Fruchtbarkeit, wir wollen weder das eine noch das andere, wir wollen, dass das Fleisch Recht auf seinen Genuss als solchen habe und dass dieser Genuss den Göttern wie den Menschen angenehm sei, wir wollen, dass die Götter am Genuss teilhaben und dass die Menschen sie zu ehren glauben, wenn sie genießen ... Es ist die Fruchtbarkeit, nicht die Hurerei, die das Universum zerstört, es ist die Pflicht und nicht der Genuss.

Alberts als eine befremdliche Melange aus Anziehung, Gleichgültigkeit und Abneigung.

Allein schon die Anrede, die Albert konsequent verwendet, wenn er von ihr spricht: Madame Mère, Frau Mutter, hat etwas seltsam Förmliches. So, als sage man Frau Ministerin oder Frau Bundeskanzlerin. Damit erscheint das Muttersein im Kontext einer rein rationalen Berufsbezeichnung: Muttersein als Arbeit, Auftrag und Dienstpflicht. In jedem Fall wird ihm hierdurch jedwede Emotion geraubt. Es mag sein, damit habe es der Sohn seiner Mutter mit gleicher Münze heimzahlen wollen. Er schreibt nämlich immer wieder, dass die Mutter es war, die ihm als Kind alle emotionalen Regungen verbieten wollte – vor allem, wenn sie sexueller Natur waren, die – Dank Freud wissen wir das alle längst – ja bei jedem Menschen schon sehr früh auftauchen können.

Albert Caraco beschreibt seine Mutter bisweilen als eine Art Zuchtmeister und Wachsoldaten. Sie will ihren heranwachsenden Sohn vor den unguten Folgen der aufkeimenden Sexualität schützen. *„Sie wollte meine Unschuld retten"*, schreibt er. Dabei ging Madame Mère sogar so weit, nachts an das Bett des Pubertierenden zu treten,

Krankheit und Lüge bilden den Inhalt unserer Mysterien, und der Stoff unserer Legenden scheint ein Fieberwahn, aber wir werden aus diesem geistigen Misthaufen, der nach dem Bild unserer verseuchten Flüsse gemacht ist, nur zerschmet-tert hervorgehen, wir sind vor lauter Hecheln nach Reinheit unrein geworden ... Was kann uns jetzt Schlimmeres passieren, als so fortzubestehen, wie wir sind?

um über seine Hände zu wachen. Tagsüber trichterte sie ihm ein, wie widerwärtig es sei, sich selbst in einer „gewissen Weise" zu berühren. Das Gleiche gelte für den Kontakt mit Mädchen. Möglicherweise wird die Mutter ihren Grund gehabt haben – und es waren da scheinbar nicht nur Mädchen: *„Als ich elf war, verliebte ich mich halb in einen Argentinier, kleiner als ich und ziemlich weiblich, der mich aufs College begleitete und sicher nicht mehr unschuldig war ... Dann, im Alter von zwölf, freundete ich mich mit einem gewissen kleinen Rumänen an, einem verwöhnten Kind, das Spitzen trug, was die Leute zum Lachen brachte ... Als ich dreizehn war: ein sehr katholischer Junge, der immer bei den Priestern war, ein Franzose sprang mir aus nächster Nähe auf den Hals, bedeckte mich mit Küssen und Tränen, was mich sehr erstaunte, denn ich verstand die Feinheiten noch nicht ... Von da an wurden meine Freundschaften immer lauer und ich habe seit dreißig Jahren niemanden aus der Nähe gesehen."*

Albert wird die extrem ablehnende Haltung seiner Mutter zur Sexualität später messerscharf analysieren und für sein Schicksal zumindest mitverantwortlich machen. Mit ihrem Verhalten habe ihn seine Mutter verängstigt und ihm vie-

Die Ordnung muss durch eine
Ordnung und nicht durch eine
Unordnung ersetzt werden und die
Moral durch eine Moral und nicht
durch Unmoral, so wie der Glaube
durch einen Glauben ersetzt
werden muss, und nicht bloß
durch eine Leere.

ler seiner Wünsche beraubt, ja, ihm das Mann-werden vereitelt: *„So sind Mütter, die Männer ma-chen und sie dann verlieren. Es heißt in diesem Zu-sammenhang, dass Söhne im Nichts enden, wenn sie ihren Müttern nicht den Rücken kehren, und man könnte hinzufügen, dass dort, wo die Toten herrschen, die Lebenden nicht zu träumen wagen, dass sie leben, und vor Neid auf diesen Traum ster-ben. Meine Meinung dazu ist, dass Söhne sich für unschuldig halten, wenn sie keine Männer sind, und sich bald an Männern rächen, sobald sie Pries-ter oder Moralisten werden. Dies ist mein Fall, ohne den Schatten eines Zweifels, ich bin ein Mo-ralist und ich fühle mich wie ein Priester, ich würde gerne ein Inquisitor werden, um meine Wut zu lin-dern und meine Qualen zu erleichtern."* Treffender kann man die Psychopathologie des Gemenges aus Sexualität, Religion und Moral kaum zusam-menfassen.

Askese, Abscheu, Widerspruch

Madame Mère hatte ihren Sohn kastriert, symbo-lisch. Davon ist Albert Caraco überzeugt. Sein ganzes Schicksal sieht er eng mit dieser Entman-nung verknüpft. Dieses „blutige Werk" habe ihn

Die Menschen sind zugleich frei und gebunden, freier als ihnen lieb ist, gebundener als sie bemerken, da sich die Masse der Sterblichen aus Schlafwandlern zusammensetzt und das System niemals Interesse daran hätte, dass sie aus ihrem Schlaf erwachten, weil sie unregierbar werden würden. Das System ist nicht der Freund der Menschen, es beschränkt sich darauf, sie zu schulmeistern, selten sie zu zivilisieren, noch seltener, sie zu bilden.

zu einem Eremiten werden lassen, einem tief verbitterten Mönch, der sich in seiner Klause verschanzt, um in einer Art heiligem Zorn auf die böse Welt außerhalb seiner vier Wände zu wettern, die er in einer Kloake von Unmoral und Dekadenz untergehen sieht. Seine Antwort könne nur ein ebenso blutiger Akt sein: eine Hymne auf ein alles zerstörendes Fanal, eine brachiale Apokalypse, in der die Masse der Verdammten in ewiger Vernichtung untergehe. Fragt sich, was Caraco an dieser Welt so sehr verabscheut? Zunächst einmal das, vor dem ihn Madame Mère so eindringlich warnte: das Begehren und die Genüsse – insbesondere die fleischlichen. Er schreibt, dass er ein gelehriger Schüler seiner Mutter gewesen sei, die Abscheu vor der Lebensfreude von ihr übernommen habe und eine ähnliche Philosophie pflege wie sie. Die vergiftete Muttermilch, die sie ihm eingeimpft hatte, machte ihn immun gegenüber allen lasterhaften Versuchungen.

Askese wird zu seinem moralischen Ideal, ebenso wie die Abscheu vor der Sexualität und dem Lieben: *"Ich hasse meinen Phallus mehr als alles andere auf der Welt ... ich habe ihn verbrannt, ich habe ihn eingeschnitten, ich habe ihn gehäutet."* Und weiter: „*Was die Liebe betrifft, ist sie mir*

Der Geist der Auflösung ist überall
eingedrungen, wir erliegen mit Wonne
dem Grauen und reformieren, von einer
schicksalshaften Geistesgestörtheit
geschlagen, unablässig die Lehrpläne ...
Wir bieten der heraufkommenden Generation ein Chaos von Bröseln und wollen
immerzu Erneuerung, um modern zu sein,
wobei wir die Lektionen der Geschichte
zurückweisen ... Wir können nichts als die
barbarisieren, die zu unterrichten wir
vorgeben, und sie dem Leben gegenüber
wehrlos machen, während wir so tun, als
bereiteten wir sie darauf vor.

fremd geblieben und da ich einen kühlen Kopf habe, habe ich mich in niemanden verliebt." Sex sei eklig, weil der Körper eklig sei – vor allem der weibliche, so Caraco. Schön sei er nur in den ästhetischen Formen der Kunst, in der Malerei, in der Bildhauerei, aber als reales, lebendiges Objekt finde er den menschlichen Körper einfach nur hässlich. Wie solle man da ein fleischliches Begehren entwickeln? Sein Eingeständnis erscheint daher nachvollziehbar: *"Die Gesellschaft von Frauen, das gebe ich zu, macht mich fertig, sie kommen mir fast alle hässlich und dumm vor."* So gibt es für ihn nur eine Möglichkeit, sein Leben zu leben: als enthaltsamer Asket, der den Leibeshass zum Sakrament erhoben hat und als bissiger Prophet gegen das Sexuelle wettert.

Sein ostentatives *„Ich hasse das Verlangen!"* würde man Caraco ohne Weiteres abnehmen, gebe es da in seinem Werk nicht diese irritierenden Widersprüche – gerade was Lust und Liebe angeht. So beschreibt er das sexuelle Verlangen und die daraus resultierenden Praktiken nicht selten in einer auffallend ambivalenten Weise. Er verfasst sogar ein umfangreiches Manuskript über alle möglichen sexuellen Perversionen (auf Deutsch: *„Im Reich der Sinne"*). Er tut es jedoch

Die jungen Leute können die Welt nicht mehr retten, die Welt kann nicht mehr gerettet werden, die Vorstellung vom Heil ist nur eine falsche Vorstellung, und wir müssen unsere unzähligen Fehler bezahlen, die Stunde der Wiedergutmachungen läuft ab und die der Reformen ist zu Ende.

nicht (wie man denken könnte) in hasserfüllter, verdammender Sprache, sondern durch eine seltsam nüchterne, fast schon parodistische Ironie. So kann er in dem Text imaginäre Wissenschaftler Frivolitäten absonderlichster Art huldigen, ja gar ein Loblied in höchsten Tönen singen lassen – recht harmlos angefangen mit Masturbation und Sodomie (mit welcher er Homosexualität meinte), bis hin zu Inzest, Zoophilie oder Nekrophilie: In nicht weniger als 211 sogenannten „Beobachtungen" fantasiert Caraco über alle nur erdenklichen sexuellen Praktiken und Perversionen in einem derart sonderbaren Plauderton, dass das Bild des extrem leibesfeindlichen Asketen völlig verschwindet.

Beim Lesen seiner Texte fällt schnell auf: Das Sexuelle stellt bei Albert Caraco ein zentrales Kennzeichen der Dekadenz der gegenwärtigen menschlichen Ordnung unserer Tage dar, ist andererseits jedoch auch ein wichtiges Merkmal in seiner Vision einer erneuerten Gesellschaft nach der prophezeiten großen Katastrophe. Man geht also fehl in der Annahme, Caracos Verhältnis zur Sexualität sei grundlegend und kompromisslos negativ. Besonders deutlich wird dies, wenn man Sätze liest wie: *„Eine von Onanisten und Sodomiten bevölkerte Welt wäre weniger jämmerlich als*

Die Luft der Provinz weht über den Kontinent, den geistigen Tod einleitend, die Dürre kommt über uns, Europa hat nicht rechtzeitig mit den Ursachen seines Endes zu brechen gewusst, es hat sechs Millionen Juden verbrannt, statt den römischen Krebs auszurotten, es wird an seinem Katholizismus sterben.

die unsere, das ist die Wahrheit", oder *„Nur Eros kann uns mit der Welt versöhnen, die Welt ist ohne Eros unhaltbar ... Ich halte wenig große Stücke auf Agape, nur Eros sagt mir zu ... Eros als Retter inmitten einer Welt, wo die Unmenschlichkeit beständig anwächst ..."* oder auch *„Ja, ich liebe die zynischen Peiniger, die freimütigen Bösewichte und wahren Sünderinnen, die, die sich zu der Philosophie ihres Standes bekennen: Zwischen zwei Frauen, die nackt tanzen, ist es die liederliche, die ich schätze, und nicht die tugendsame Familienmutter, denn die erste spielt und die zweite betrügt."* Es zeigt sich: Die Widersprüche sind unübersehbar und man fragt sich: Ja, was denn nun? Hier Abscheu vor jeder Art sexuellen Verlangens, dort Verklärung des Eros als Retter der Welt. Ist dies das Kennzeichen einer sexuellen Psychose als Folge einer Traumatisierung des kleinen Albert durch seine Mutter? Das wird noch zu klären sein.

Vorbote des Antichristen

Neben Staat und Obrigkeit sind bei Caraco Religion und Kirche zentrale Hassobjekte und beliebte Ziele wortreicher Fluchreden. Bei den

So denkt Luther über Jesus oder den heiligen Paulus in Deutsch nach, aber da weder Jesus noch Paulus den Ehrengrad von Teutonen besaßen, ist zu befürchten, dass sie sich in dem, was Martin sie sagen lässt, nicht wiedererkannt hätten. Weiter, weiter, das Gebiet ist brenzlig, und in Sachen Feuer sind die Deutschen erste Kräfte, kein Grillkoch kann sich mit ihnen messen.

Institutionen, die als Erstes und am gründlichsten zerstört werden müssten, gehören für ihn die religiösen in vorderste Reihe. Gerade die drei Offenbarungsreligionen Judentum, Christentum und Islam sieht er als den eigentlichen Ursprung des desolaten Zustandes, in dem sich die menschliche Gesellschaft weltweit befinde. Ohne deren Vernichtung könne es keine Erneuerung geben, deshalb will Caraco sie mit Stumpf und Stiel ausgerottet sehen. Mit den Juden geht er noch einigermaßen pfleglich um, ist das Judentum doch seine eigentliche religiöse Heimat. Er nennt sie *„notwendige Schmarotzer und Schwärmer"*, hält sie aber dennoch für *„das Rückgrat der weißen Rasse"*. Hingegen sieht er in der christlichen Kirche *„das moralische Krebsgeschwür der weißen Rasse"* und im Islam gar *„die Schande des menschlichen Geistes"*.

Und dennoch ist es für Caraco unsinnig, hier genauer zu differenzieren. Er hält sie alle drei für widerwärtig *(„Ich nenne sie die drei Gifte")* und sich selbst dazu ausersehen, deren Ende den nötigen Anstoß zu geben: *„Meine Mission ist, dem Antichrist die Wege zu bahnen, und der Antichrist ist die Lösung unserer Probleme, die Welt braucht Ritualopfer, es geht darum, sie darauf vorzubereiten, mein Werk bezweckt nichts anderes ... Meine*

Das Christentum warf über die Natur ein Netz, das Netz ist brüchig, die Natur wird frei, wir werden manches noch erleben, das unsere Väter sich nicht träumen ließen. Schwarz war das innere Gesicht des Christentums, von dem wir wenig wussten, nun kommt es an den Tag und kann sich nicht verbergen.

Aufgabe ist, eine Legende zu zertrümmern."

Aber auch hier kommt man beim intensiven Lesen alsbald ins Stolpern. Wie beim Thema Sexualität irritieren unversehens auftretende Ambivalenzen, die es schwer machen, unsere bekannten Schablonen und Schubladen allzu leichtfertig zu bedienen. Albert Caraco erweist sich nicht als Ausgeburt der Gottlosigkeit, für die man ihn halten kann. Gewiss, er schleudert seine Giftpfeile auch in allerhöchste Regionen. Dort sollen sie aber nicht seinen persönlichen Beitrag zum Gott-ist-tot-Nihilismus beisteuern. Die Figur Gottes ist bei Caraco ebenso vielschichtig, wie vieles in seinem gedanklichen Weltgebäude. Gott ist für ihn sowohl vollkommen real als auch eine bloße Fiktion. Fiktiv, aber ungemein wirkmächtig, ist der Gott der Offenbarungsreligionen. Dieser ist ein „falscher Gott", einer, den die Menschen selbst getöpfert und dann in den Tabernakel der himmlischen Gefilde gestellt haben, um sich selbst im Widerschein dieser tönernen Figur verherrlichen und anbeten zu können. Und auch, um ihr Unwesen in der Welt zu treiben, das sie dann mit dem göttlichen Willen legitimieren können. Doch da dieser Gott eine bloße Erfindung ist, stirbt er mit dem Menschengeschlecht

Der Mensch ist ein metaphysisches Tier, welches möchte, dass das Universum nur um seinetwillen existiere. Aber das Universum weiß davon nichts, und der Mensch tröstet sich über dieses Unwissen, indem er den Raum mit Göttern bevölkert, Göttern, die gemacht sind nach seinem Bilde.

aus. Für Caraco ein Grund mehr, die große apokalyptische Zerstörung herbeizuwünschen. Allerdings gibt es da noch den „richtigen Gott". Er ist nicht minder bösartig als der falsche, stirbt aber nicht zusammen mit dem Menschen. Das führt letztlich dazu, so Caraco, dass – mit Blick auf die ganze Schöpfungsgeschichte – eigentlich nur Hoffnungslosigkeit bleibe.

Albert Caraco ist also kein Atheist. Er bezeichnet sich selbst als Gnostiker: *„Ich bin Gnostiker, allein die Gnosis schildert uns die Welt, wie sie ist und sein wird. Keine Lehre ... hat die Ordnung und ihre Grundlagen, die sich Terror und Lüge nennen, gründlicher entlarvt."* Und diese Lehre ist hart, eindeutig und lässt kein abwägendes Lavieren zu: Die Schöpfung ist abgrundtief böse und schlecht. Und da sie das ist, muss auch ihr Schöpfer böse und schlecht sein. Die Gnosis nennt ihn den Demiurgen, sieht in ihm aber nicht wie Aristoteles den unbewussten Beweger der Weltgeschichte, auch nicht den guten Gott der christlichen Kirche, sondern erkennt in ihm ein unvollkommenes Wesen, das nur Unvollkommenes erschaffen könne. Dem gegenüber stehe der „wahre und gute Gott", der in der Ferne des Jenseits ansässig ist und von der Welt, in der wir leben, völlig ge-

Wir brauchen keine Aufwiegler,
sondern Propheten, wir brauchen
religiöse Genies auf der Höhe
dieser Zeiten und unserer Werke,
denn alle die, die wir verehren,
sind ohne jede Ausnahme überholt, sie sind alle überholt, und
die, die sich auf sie berufen, verra-
ten sie. Keine Überlieferung
schützt uns vor der Zukunft, denn
die Zukunft ist ohne Beispiel und
das Universum hat keinen
Zufluchtsort mehr.

trennt ist. Allerdings gebe es im Menschen einen „Gottesfunken", der ihn an den guten Gott binde. Durch diesen sei der Mensch fähig, das Gute zu ersehnen und sein Tun auf dieses auszurichten. Voraussetzung für ein solch „gottgefälliges Leben" sei aber die Abkehr von den Einflüssen der unvollkommenen und schlechten Welt und der von ihr erzeugten Triebe. Wenn das Fleisch an sich schlecht sei, dann seien es die aus ihm kommenden Triebe grundsätzlich auch.

Und schon zeigen sich erneut die Widersprüche. Man muss nicht nach ihnen suchen, sie offenbaren sich beim Lesen von allein. Caraco bezeichnet sich als Gnostiker, beschwört die Askese, verteufelt die Begierden und Gelüste – und singt dann doch ein Loblied auf alles Fleischliche. Auch wenn er stets den Geist als das Wertvollste im Menschen betrachtet, so könne dieser doch nicht ohne das Fleisch bestehen: *Das Fleisch bringt an den Tag die Macht der Finsternis, doch ist die Finsternis der Schatten des geballten Geistes, der sich allmählich durch das Licht ausbreitet... Darum vergreife man sich nicht am Fleische, da ohne Fleischwerdung der Geist undenkbar seine Bahnen zieht und von sich selbst nichts weiß. Der Glaube an den Geist geht durch das Fleisch und nicht an ihm vorbei, der Geist ist mit dem Fleisch*

Da sind es nun Jahrhunderte und
Jahrtausende, dass wir auf der
falschen Fährte sind, und jetzt
geht es ans Zahlen, die Ernüchte-
rung reicht nicht aus, uns zu
erlösen, und wir sind nicht
imstande, das verlorene Paradies
wiederzufinden, ehe wir nicht
ausschöpfen, was die Hölle an
Wüstestem und Finsterstem
besitzt.

verwachsen ... Im Fleische treffen sich als Wider-
sacher Trieb und Geist, um alle Laster zu erzeugen
und alle Tugenden zu wecken, an welchen beide
Anteil haben, obwohl sie ineinander greifen und
man nicht weiß, wem nun das Gute beizumessen
und wem das Schlechte beizulegen. Viel Gutes
steckt im Trieb und wird vom Geist verdorben, und
doch erfasst der Geist allein das Beste."

Auch wenn sich Caraco der Gnosis verpflichtet
sieht, interpretiert er sie wohl doch in seinem eigenen Sinn: Die Welt ist für ihn schlecht, vom
Bösen durchdrungen und in ihrer bestehenden
Ordnung nicht zu retten, ja verdammenswert.
Und da der Körper jener Teil des Menschen ist,
der der Welt entstammt, gilt das auch für ihn. Caraco erkennt aber an, dass Fleisch und Geist sich
bedingen, aufeinander bezogen sind und somit
der Untergang des einen, jenen des anderen be-
deute. Einerseits fordert er den Kampf gegen das
Weltliche, andererseits erkennt er es als notwendig für den Erhalt der Ganzheit an. Caraco löst
dieses Problem, indem er eine ganz eigenwillige
Auslegung der gnostischen Idee präsentiert: Er
verlagert das eigentlich Verwerfliche auf die
zentrale Funktion alles Lebendigen, die Fort-

Das Jahrhundert möchte alles wählen, und deshalb haben wir keinen Stil, das Jahrhundert möchte alles verstehen, und aus diesem Grund findet es aus dem Labyrinth nicht mehr heraus, das Jahrhundert möchte sogar die Masse der Verdammten als Masse humanisieren, und darum gehen wir auf das planetarische Gemetzel zu.

pflanzung. Auch hierin erweist er sich als gelehrsamer Schüler seiner Mutter.

Du sollst dich nicht vermehren!

Caraco ist der Auffassung, es gebe zwei Arten von Gnostikern. Die einen leben enthaltsam, keusch und asketisch, die anderen *„huren, aber zeugen nicht"*. Er stellt sexuelle Praktiken, die nicht zur Befruchtung führen, auf eine Ebene mit der Keuschheit: *„Masturbation, Sodomie und Fellatio entsprechen, indem sie sich der Fruchtbarkeit widersetzen, der Enthaltsamkeit"*, stellt er ohne Augenzwinkern fest. Die größte Sünde in der heutigen Zeit sei nämlich nicht die von den Trieben gesteuerte Unmoral, sondern die hemmungslose Vermehrung der Gattung Mensch. Durch sie steuere die Menschheit in die globale Katastrophe hinein. Keine Sünde könne größer sein, als ein Verhalten, das den ganzen Planeten ins Verderben stürze.

Caraco hat die schroffe Ablehnung der Fruchtbarkeit ins Zentrum seiner destruktiven Weltsicht gestellt. Heute würde er sich als radikalen Antinatalisten bezeichnen. Durch ihr ausufern-

Je mehr es von Menschen wimmelt, desto weniger zählt der Mensch; um menschlich zu sein, kann der Mensch nicht selten genug sein ... Das Leben ist von dem Augenblick an nicht mehr heilig, wo die Lebenden überhandnehmen.

des Vermehren hätten die Menschen sich zur Krebskrankheit des Planeten entwickelt, gegen die nur das rigorose Herausschneiden des bösartigen Geschwürs helfe. Doch geht er davon aus, dass das zerstörerische Wachstum schon zu weit vorangeschritten ist, um es noch zum Stillstand bringen zu können. Die Welt werde unweigerlich ins Chaos gestürzt und würde in diesem untergehen. Mea culpa, mea maxima culpa, müsste der Mensch sich schockiert an die Brust klopfen. Doch niemand komme auf diesen sühnenden Gedanken, da alle durch Konsum, Bequemlichkeit und Betäubung narkotisiert seien. Lallend und klatschend würden die Menschen in einer Wolke von giftigem Optimismus, in welche die Herrschenden aus Staat und Religion die Masse gezielt eingetaucht hätten, in den Abgrund stürzen. Wer sich daher an der Vermehrung der teuflischen Gattung Mensch mitbeteilige, indem er Kinder in die Welt setze, mache sich am Untergang mitschuldig. Sollte es noch nicht zu spät sein, dann bleibe als einziges Heilmittel die große, weltweite Kastration.

Hier meldet sich unverhofft Madame Mère wieder. Ihr galt Alberts Vorwurf, ihn entmannt zu haben. Sie hatte gerade ihren letzten Atemzug getan, da notiert der Sohn lapidar: *„Madame*

Wie lange werden wir uns noch täuschen dürfen? Alle Fristen laufen ab, die Zahl der Menschen schwillt an wie ein Meer, auf dem sich die Stürme entfesseln werden ...
Wir gehen ruhigen Schrittes auf das Chaos zu, mit dem Herzen voller Hoffnung, vom Schlaraffenland träumend, das die Wissenschaft uns und unseren dreißig Milliarden Kindern und Kindeskindern bescheren wird.

Mère ist tot, ich hatte sie lange genug vergessen, ihr Ende bringt sie mir wieder in Erinnerung, wenn auch nur für ein paar Stunden ... Ich frage mich, ob ich sie liebe und muss antworten: Nein, ich werfe ihr vor, mich kastriert zu haben ..." Er wirft seiner Mutter nicht nur das vor, nein, er kreidet ihr selbst an, ihn in die Welt gesetzt zu haben. Dabei habe er doch eigentlich von ihr die Ablehnung des Zeugens, der Vermehrung der Blutsbande und der Verherrlichung der Familie übernommen. Madame Mère hätte bewusst kein zweites Kind gewollt, so Albert über seine Mutter. Der Anblick großer Familien voll unglücklicher Menschen hätte sie abgestoßen. Das seien schließlich die Gründe gewesen, weshalb sie ihm ein großes Misstrauen der Liebe und dem Triebleben gegenüber mitgegeben habe, ein Misstrauen, das sich bei Albert im Laufe seines Lebens in Ekel und blanken Hass steigerte. Der starke antinatalistische Zug in Caracos Denken lässt sich also zumindest indirekt auf die Erziehung durch seine Mutter zurückführen.

Im gnostischen Denken findet Albert Caraco eine philosophische Legitimation für diese Ansichten. Wenn alles Weltliche böse und schlecht ist, dann ist es die ethische Pflicht eines jeden, sich der Vermehrung des Unvollkommenen zu wieder-

Die schlimmsten Menschen sind jetzt die sorglosesten, unsere Lage gestattet es ihnen, sich über Gerechte und Heilige wie über Philosophen und Gelehrte lustig zu machen, die schlimmsten Menschen triumphieren unwidersprochen, und sie sind dem Anschein nach nicht einmal im Unrecht ... sie können sich hochachten dafür, die dunkle Seite gewählt zu haben und als Sieger hervorzugehen ... Wir haben nicht mehr die Mittel, uns ihrer zu erwehren.

setzen, so sein Credo. Diese Berufung auf eigentlich religiöse Vorstellungen erlaubt es ihm dann auch, sich als Werkzeug der Vorsehung zu verklären und sich zum Propheten zu stilisieren: *„Ich bin einer der Propheten unserer Zeit und Schweigen hüllt mich ein, man hat gespürt, dass ich etwas zu sagen hatte, was man nicht hören wollte, man hat sich mit den modischen Methoden davor geschützt, man versucht, mich lebendig zu begraben, und wird damit nur erreichen, dass meine Anhänger eines Tages umso fanatischer sein werden."*

Caraco hat sich getäuscht: Auch fünfzig Jahre nach seinem Tod wird er keine wahrnehmbare Anhängerschaft haben. Selbst in den exotischen Zirkeln der Antinatalisten unserer Tage kennt man ihn kaum. Mag sein, dass gerade sein Hang zum Gnostischen, zum Quasi-Religiösen und Mystischen ihn für viele bis heute suspekt macht. Sicher aber ist es die offensichtliche Widersprüchlichkeit in seinem Denken, die es unmöglich macht, ihn auch nur ansatzweise zu kategorisieren und in bekannte Denksysteme einzuordnen. Albert Caraco verherrlichte das Chaos nicht nur, er lebte es auch bis in die letzten Winkel seines Denkens hinein. Solche Art Denker eignen sich nicht dazu, von wem auch immer, verein-

Die Völker halten aus einer Art
von eingefleischter Gewohnheit
an der Kirche fest, sie behalten sie
bei wie ihre Nationalgerichte und
ihre Volkstänze, man ist Christ, wie
man einen Gemüseeintopf aus der
Champagne isst oder sich nach
der Melodie einer Gigue dreht.

nahmt zu werden. Deshalb gehört das Scheitern als Wesensmerkmal zu Caracos Leben dazu. Das Scheitern im Suizid wie im Vergessenwerden gleichermaßen.

Das verkommene System

Albert Caraco beschwört die Zerstörung und Vernichtung. Ziel dieses Wunsches sind allerdings weniger einzelne Bereiche der Gesellschaft, nicht der Staat als Institution, nicht die Religion als solche, auch nicht der Mensch oder das Leben selbst. Sein wichtigstes Anliegen ist es, die Gesamtheit der menschlichen Ordnung, in der wir leben, zu zerschlagen. Er nennt diese auch „das System". Hier liegt für ihn der Kern aller Dekadenz und geistigen Verwahrlosung. Er lobt daher die Anarchisten und Nihilisten, ohne sich aber mit ihnen gemein zu machen. Alles, was dazu dient, das System auszuhöhlen und letztlich auszulöschen, ist ihm recht. Allem, was in diesem Sinne subversiv und destruktiv wirkt, begegnet er mit Wohlwollen und offener Zustimmung, selbst wenn er es in anderen Zusammenhängen ablehnt. Auch hier findet sich bei Caraco ein hohes Maß an Ambivalenz, eine widersprüchliche Hal-

Wir sind Blinde aus Pflicht und ruhen uns auf dem System aus, das sich, blinder noch als wir selbst, vormacht, hellsichtig zu sein, es ist ein doppelter Betrug, und keiner wird dem Bankrott mehr entgehen, die diese Unternehmung allen Völkern gleichermaßen bereitet ... Nicht einer unserer Verantwortlichen hat den Mut, die Katastrophe vorherzusehen, und noch weniger, es sich einzugestehen, der kategorische Imperativ unserer Tage ist Optimismus und wäre es am Randes des Abgrunds.

tung, die man leichtfertig als schizophren fehl-
deuten könnte.

Caraco ist ein scharfzüngiger Analyst des Systems, das er hasst. Die herrschende menschliche
Ordnung ist für ihn ein Produkt der Vermassung
des Menschen. Die Ordnung beziehe ihre Legiti-
mität einzig aus der Masse und sei sowohl Quelle
als auch Grab der Gesellschaft. So werde der einzelne Mensch lediglich als quantitatives Produkt
betrachtet, das der Aufrechterhaltung des Systems zu dienen habe. Der Masse aber fehle eine
innere Qualität; sie habe keine Werte, keine
Ziele, keine geistigen Ideen, die ihr Sinn geben
könnten.

Die Masse besitze aus sich heraus keinen Sinn, sie
habe nur von außen verordnete Zwecke, so wie
der Bienenstock des Imkers nicht dazu da ist, einem Bienenvolk Heim und Lebensgrundlage zu
bieten, sondern einzig und allein, um Honig zu
liefern. Jedoch: Anders als bei den Bienen woh-
nen in der menschlichen Ordnung die Ausbeuter
im System selbst, wenn auch in einer elitären Pa-
rallelwelt. Diese Welten sind für Caraco der
Staat, die Wirtschaft und die Religion. Hier liege
der Ursprung der Unterdrückung aller menschlichen Werte, die eine humane Gesellschaft aus-

Die Ordnung braucht Hersteller und
Verbraucher, nicht ganze Menschen,
ganze Menschen behindern sie,
sie wird ihnen immer die Missgeburten
vorziehen, die Schlafwandler und
Automaten, darin liegt ihr Verbrechen,
die Ordnung ist beides, frevlerisch und
kriminell, wir verdanken ihr nichts als
die Flamme, das Feuer ist es, durch das
die Ordnung umkommen wird.

machten. Nach Caraco sind sie das Böse, das die ganze Welt mit einer tödlichen Krankheit infiziert habe. Grundlage dieser Krankheit sei das grenzenlose Wachstum. Als die großen Antreiber sieht er Produktion und Konsum, die inzwischen den ganzen Planeten in ein bösartiges Fieberdelir getrieben hätten. Die Erde sei zu einer Kloake geworden, einem stinkenden Sumpf, in dem alles unterzugehen drohe. Die Masse mache alles willenlos mit, da man sie mit billigen Wohltaten ruhigstelle. Der Staat verspreche Sicherheit und Wohlergehen, die Wirtschaft Luxus und Wohlstand und die Religion ein sanftes Ruhekissen im Paradies, wenn der irdische Weg einmal zu Ende sei. Es würden archaische Bedürfnisse mit einfachen Beglückungen befriedigt und damit der Masse ein Schlaraffenland vorgegaukelt.

Um die Masse gefügig zu halten, setze die politische, wirtschaftliche und religiöse Elite auf ein altbewährtes Mittel: Angst. Dies geschieht durch eine Art Liebesentzug, der weniger Wohlstand, weniger Auskommen, weniger Sicherheit, weniger Seelenheil androht. Da die Masse primitiv sei, lasse sie sich auch auf primitive, aber gleichwohl sichere Weise lenken. Angst sei dabei das zuverlässigste Mittel, um die Masse unter Kontrolle zu

Denn der Mensch ist nicht hienieden,
um zu produzieren und zu konsumieren, produzieren und konsumieren war
niemals etwas anderes als Beiwerk, es
geht darum, zu sein und zu spüren,
dass man existiert.

halten. Aus Angst sei der Mensch bereit, alles mit sich machen zu lassen, wenn nur seine berechtigten oder vorgegaukelten Grundbedürfnisse nicht in Gefahr kämen.

All dies hört sich nun ziemlich modern an. Diesem Szenario würden Systemkritiker des 21. Jahrhunderts gewiss ohne weiteres zustimmen, ist doch die Macht des neoliberalen Raubtierkapitalismus seit der zweiten Hälfte des 20. Jahrhunderts um ein Vielfaches stärker geworden. Forschung und Wissenschaft haben sich in dessen Dienst gestellt und die Politik ist durch Lobbyismus noch leichter zu lenken als je zuvor. Die Macht der Religionen scheint hingegen zu zerbröseln, zumindest die der christlichen in den Industrieländern der westlichen Welt. Sie hat jedoch in den unzähligen Fundamentalismen jedweder religiöser Couleur eine neue Spielfläche gefunden.

Die Masse ist immer noch Masse, nur noch leichter manipulierbar als früher. Die Welt des Digitalen und Virtuellen macht hier sehr viel mehr möglich, vor allem, um die Masse dumm und bei Laune zu halten und ihr den Keim der Aufmüpfigkeit zu nehmen. Wenn es ständig aus allen Lautsprechern plärrt, die Hauptsache sei es, Spaß

Das System bereitet methodisch und unter Einhaltung der Disziplin, die es uns predigt, seine Auflösung vor; die Wissenschaftler machen immer mehr Entdeckungen, und das System bemächtigt sich ihrer, vom Wahn besessen; die Traditionen wetteifern im Betrügen und die Erfindungen an Schädlichkeit, wir werden diesem Wettbewerb nicht mehr entrinnen, und das System führt den Vorsitz über das Arrangement, an dessen Ende der Abgrund gähnt.

zu haben, dann ist die Masse irgendwann davon überzeugt, der Sinn des Lebens sei der Spaß – und Geiz sei geil, weil er die Voraussetzungen dafür biete, Spaß zu haben. Oberflächlichkeit ist das neue Qualitätsmerkmal für ein glückliches Leben geworden. Und diese Oberflächlichkeit macht träge und lähmt sogar jene, die um die wahren Hintergründe wissen. So könnte die Katastrophe durchaus vorgezeichnet sein. Dies ahnte Albert Caraco schon vor Jahrzehnten: *„Die Systemmenschen können das System nicht ändern, und wenn das System auch zum Chaos führte ... Das System ist verrückter als es glaubt, das System ist dümmer als es denkt, und wir, die es stützen, spüren, dass es uns gleicht, es versteht es nicht besser, als wir selbst uns verstehen, es ist der Blinde, das uns Blinde führt."*

Der Untergang

Es ist keine Vision, es ist die Wahrheit: Wir erleben die letzten Tage von Pompeji, der Vesuv der Geschichte steht kurz vor dem Ausbruch und es freut den Propheten des Untergangs, was den Schattenwesen des Systems nun bevorsteht. Mit

Die Menschen befehdeten sich um den Besitz des Bodens, morgen werden sie sich gegenseitig totschlagen, um in den Besitz von Wasser zu gelangen, wenn uns die Luft ausgehen wird, werden wir uns erwürgen, um inmitten der Trümmer zu atmen.

Wonne ersehnt er den Anblick der untergehenden Schlösser und Kathedralen und er bejubelt schon jetzt den Schutt und die Asche, in welche sie zusammenfallen werden. Für Caraco kann die nahende Apokalypse scheinbar nicht radikal genug sein. Die alte Ordnung muss nicht nur fundamental erschüttert, sie muss vollkommen zerstört werden. Und die Menschen? *„Die Glücklichsten werden kämpfend sterben und die Edelsten zusammengepfercht in den Kellern, oder sich in den Feuersbrünsten paarend, um den Todeskampf mithilfe des Orgasmus zu verkürzen. Die Welt wird ein einziges Geheul der Ekstase und des Schmerzes sein."*

Caraco hätte ein Science-Fiction-Autor werden können, oder einer, der düstere Fantasygeschichten erzählt. Er schwelgt förmlich in seinen Untergangsfantasien, kommt aber nicht über das Allgemeine in ihnen hinaus. Konkrete Szenarien und deren kausale Hintergründe finden sich in seinen Schilderungen der Apokalypse nicht. Ihm genügt, dass das Chaos ausbricht und alles irgendwie in sich zusammenfällt. Es mögen Naturkatastrophen sein, wie es das Bild eines Vulkanausbruchs verdeutlicht, oder es bricht ein alles vernichtender Krieg über die Menschheit herein und sorgt für ein verheerendes Massensterben:

Die Katastrophe ist notwendig,
die Katastrophe ist wünschenswert,
die Katastrophe ist gesetzmäßig,
die Katastrophe ist vorherbestimmt,
die Welt erneuert sich sonst nicht.
Und wenn sich die Welt nicht erneuert,
wird sie mit den Menschen verschwin-
den, die sie verseuchen.

„Und nun treten wir, die Waffen in der Hand, in die große Nacht ein, Opfer und Opferer zugleich, entfremdet und besessen, die Kinder des Chaos, die Handlanger des Todes. Denn wir werden anfangs zu Millionen, dann zu Milliarden sterben, bis die Masse der Verdammten ausgelöscht und die Erde von diesem Aussatz befreit ist." Dabei kennt Caraco die Ursachen durchaus, die den Weg ins Chaos ebneten. Manche der Szenarien sind heute aktueller denn je, aktueller jedenfalls als zu der Zeit, als sie niedergeschrieben wurden.

Als Hauptursache sieht Caraco die Überbevölkerung. Sie ist heute, über ein halbes Jahrhundert später, ein noch größeres Problem geworden: Wenn im Jahr 1960 noch drei Milliarden Menschen die Erde bevölkerten, waren es 2020 fast acht Milliarden. 2060 sollen bereits knapp zehn Milliarden Menschen auf dem Planeten leben. In einhundert Jahren hätte sich die Zahl also rund verdreifacht. Für Caraco waren schon die drei Milliarden zu seinen Lebzeiten Grund genug, den Weltuntergang kommen zu sehen. Er sah damals schon die Verstädterung als großes soziales Problem an. Die Großstädte nannte er *„Schulen des Todes"*, weil sie unmenschlich seien: *„Jede ist das Sammelbecken von Lärm und Gestank, wo wir*

Unsere Wissenschaftler werden die Welt mit teurem Spielzeug füllen, sie sind große Jungen, die Naturschändung spielen, was wir manchmal zu Unrecht bewundern, denn die Dienste, die sie uns leisten, erweisen sich mehr und mehr als problematisch.

uns zu Millionen einpferchen und unseren Lebenssinn verlieren". Mit dem ungebremsten Bevölkerungswachstum kommt es zu großen ökologischen Krisen. Auch das hat Caraco vorhergesehen: *„Durch die Ausbeutung des Erdreichs vermehren wir die Wüsten, unsere Flüsse sind nur noch Senkgruben, und auch der Ozean beginnt den Todeskampf, doch Glaube, Moral, Ordnung und materieller Vorteil verbünden sich, um uns zur Überbevölkerung zu verdammen. Die Religionen brauchen Gläubige, die Nationen Verteidiger, die Industrien Verbraucher, das heißt, alle Welt braucht Kinder, egal, was aus ihnen wird, wenn sie erwachsen sind."* Zu Caracos Zeiten war die Erderwärmung nur ein Thema für vereinzelte Experten. Heute sehen wir, wie mit der Klimakrise eine existenzielle Bedrohung herangewachsen ist, die durchaus apokalyptische Sprengkraft in sich trägt. Sie hat das Potenzial, in einem Desaster zu enden, wenn auch nicht für den Planeten selbst, so doch für die Menschheit.

Wie die menschliche Ordnung untergehen wird, ob durch Naturkatastrophen, Krieg, einen ökologischen oder einen sozialen Kollaps, davon spricht Albert Caraco nicht konkret. Es ist für ihn auch nicht von Bedeutung. Die Dringlichkeit

Sie organisieren methodisch die Hölle, in der wir verbrennen, und um uns am Nachdenken zu hindern, bieten sie uns schwachsinnige Schauspiele, bei denen unsere Empfindungsfähigkeit verroht und sich unser Verstand schließlich in Nichts auflösen wird. Sie werden diese Spiele heiligen, indem sie sich ihrer Sucht mit allem gebührenden Pomp hingeben.

des Untergangs steht bei ihm an erster Stelle. Denn die alte Ordnung hat ein zerstörerisches Potenzial entwickelt, das dazu zwinge, wiederum sie selbst auszulöschen. Dass dies viele Menschenleben kosten dürfte, ist ihm bewusst. Mitleid mit diesen hat er nicht. Es treffe ja eh nur die Masse der Dummen und Schlafwandler. Die Elite, die ein Überleben verdiene, hätte Mittel und Wege gefunden, sich in Sicherheit zu bringen. Dem System der alten Ordnung wirft Caraco vor, Mitgefühl und Mitmenschlichkeit ausgerottet zu haben. Er selbst ist nicht bereit, dieses den Systemmenschen entgegenzubringen. Er beklagt die Härte und Kälte der alten Ordnung und sieht es als seine Pflicht an, diesen ebenso unerbittlich entgegenzutreten. Milde und Toleranz hätten im Stadium des Chaos und der Vernichtung keinerlei Existenzberechtigung: *„Das Wasser löscht kein Lauffeuer, man kann es nur durch ein Gegenfeuer löschen."* Man ahnt, warum der Literaturkritiker Frédéric Saenen Caraco als einen der vielleicht gefährlichsten Autoren der Weltliteratur ansieht.

Noch nie waren die Erklärungen der Welt
so kläglich, denn Maße und Gewichte
sind gefälscht, die Bezugspunkte zweifel-
haft, ganz zu schweigen vom Sinn der
Begriffe. Wir landen im Chaos der
Meinungen, dahin führt uns die Wort-
prostitution ... Man verstrickt uns in ein
Labyrinth, während man uns von
Kommunikation erzählt.

Frauen an die Macht!

Die, die sich mit Albert Caraco beschäftigt haben (viele waren und sind es nicht), meinten in der Mehrzahl, der selbsternannte Prophet sei ein Nihilist gewesen. Das aber ist zumindest fraglich. Je nachdem, wie man Nihilismus definiert, kann man hier anderer Auffassung sein. Jedenfalls war Caraco nie der Meinung, es gebe weder ein Sein noch ein Absolutes, als einzig sinnvoll sah er das Vernichten alles Existierenden. Mit einem leidenden Übersichergehenlassen eines Schopenhauers konnte er ebenso wenig anfangen wie mit dem Zerstören um des Zerstörens willen radikaler Anarchisten. Das Verneinen bezieht sich bei Caraco in erster Hinsicht auf bestehende gesellschaftliche, moralische und religiöse Systeme und die sie begründenden Werte. Mit Nietzsche ist er einig, dass die Werte umgewertet werden müssten. Die Idee des Übermenschen, der eine neue Welt schafft, ist ganz im Sinne Caracos. Ohne vorausgehende Zerstörung des bestehenden Systems sei eine neue Ordnung aber nicht machbar. Caracos Philosophie kann also nicht als Verherrlichung des Nihilismus verstanden werden, sondern vielmehr als dessen Überwindung.

Unsere Mittel wachsen über uns hinaus ...
zwischen unseren Mitteln und uns gibt es
keine gemeinsame Sprache mehr, und
deshalb ist Kommunikation ein Modewort.
Wir verblöden um die Wette, ganz gleich
auf welchem Gebiet. Immer dümmer
inmitten unserer immer intelligenteren
Mittel, werden wir uns in die Gesetze
dieser Mittel fügen.

Caracos Pessimismus ist kein absoluter und grenzenloser, er zeigt sich vielmehr temporär und systemorientiert ausgerichtet: Pessimistisch (und das radikal) ist er hinsichtlich der Lage seiner Zeitepoche und in Bezug auf die Ordnungen, in denen der Mensch zu leben hat. Der Gegenwartsmensch hat für ihn keinerlei Zukunft, wohl aber der zukünftige Mensch, dessen Aufgabe es sei, nach der Katastrophe eine neue Ordnung aufzubauen. Über diese neue Ordnung macht sich Caraco durchaus Gedanken. Die Ideen und Entwürfe, die er hier zumindest ansatzweise entwickelt, lassen aufhorchen. Allerdings gehen sie für die meisten Leser im Orkan der Verwünschungen und apokalyptischen Drohgebäude unter. Dabei dürften gerade sie es sein, die zum tieferen Kern des Denkens Albert Caracos führen können.

Für die Misere, in der sich die Welt befindet, macht Caraco den Menschen selbst verantwortlich. Machtgier, Egoismus und Ausbeutung seien die Eckpfeiler eines Systems, das die Gesellschaft, letztlich aber den ganzen Planeten, unweigerlich in den Abgrund führe. Interessanterweise unterscheidet er hier jedoch zwischen den Geschlechtern. Das Grundproblem sei der Mann. Männer hätten das System aufgebaut und sorgten dafür,

Ich glaube an die Ordnung von morgen, jene Ordnung, deren Propheten einer ich bin und in der unsere Nachfahren das wiederfinden werden, was die archaischen Menschen lehrten. Ich bin einer der Erneuerer dessen, was zu Beginn der Welt war, die Ordnung der Frau ist älter als die, die wir befolgen, ich knüpfe an jene Ordnung an, ich wälze unsere Fundamente um mit dem einzigen Ziel, das ans Tageslicht zu bringen, was sie trägt, und ich baue darauf ein morgen zeitloses Gemeinwesen.

dass es aufrechterhalten bleibt. Die Frau spricht er von einer Verantwortung frei, mehr noch: Caraco sieht im weiblichen Prinzip das Ideal für eine neue Ordnung in der post-apokalyptischen Ära. So plädiert er entschieden für die Wiedererrichtung des Matriarchats.

Für den Mann hat er nur Verachtung übrig. Männlichkeit reiche gerade einmal dafür aus, *„um sich den Kopf an einer Mauer einzurennen oder um sich auf das eigene Schwert zu stützen … Der Mann hat kein Herz, seine Nächstenliebe ist niemals etwas anderes als eine Übung gewesen … Menschlichkeit ist leider keine Männertugend.“* Für Caraco ist der Mann mit dem Prinzip der Gewalt verwachsen: *„Der Krieg ist die Domäne des Mannes, und der Mann bereitet sich darauf vor … Der Mann muss seine Überlegenheit dadurch rechtfertigen, dass er das Unheil organisiert, um diesen Preis macht er sich unentbehrlich, aber wie lange können wir ihn noch zahlen, diesen Preis?“* und weiter: *„Der Mann scheint gegenwärtig am Ende zu sein, und da sich seine grausamen Imperative mit seinen maßlosen Mitteln verbünden, bleibt ihm nichts übrig, als sich zum allgemeinen Holocaust zu rüsten …“*

Eine heidnisch gebliebene Welt hätte die Natur nicht vergewaltigt, das Heidentum hielt sie für göttlich, es betete im allgemeinen die Bäume und die Quellen an; statt um die Zeit, welche die angeblich offenbarten Religionen in den Mittelpunkt ihrer Dogmen stellten, kreiste das Heidentum um den Raum und zog zumeist das Maß der Transzendenz und die Harmonie allem übrigen vor.

Mit dem Untergang des vom Mann beherrschten Systems ende die Jahrtausende lange Zeit des Patriarchats, und aus seiner Asche werde die frühere Ordnung des Matriarchats wieder auferstehen.

Ganz in alter hermetischer Tradition sieht Caraco im Mann das geistige Prinzip wirken und in der Frau das „fleischliche". Der Geist aber habe das Fleisch unterdrückt und ihm den Makel des Bösen gegeben: *„Nun wird der Geist zu mächtig, und alles fällt ihm zu, und alles wird von ihm durchweht, es wäre an der Zeit, dass ihm das Fleisch entgegenträte, das weibliche Prinzip allein könnte ihm Einhalt gebieten, doch dies bedeutet eine Umwertung, und ihre Folgen sind kaum absehbar."* Das neue Äon, das nach der Katastrophe aufkeimt, sieht Caraco geprägt von dieser grundlegenden Umwertung. Bei der anstehenden Neuordnung handele es sich um *„die Rechtfertigung des Fleisches, im Licht der anziehenden Offenbarung; der Hauch des neuen Glaubens hat uns schon berührt, doch wissen wir noch nichts von seinen Göttern."* Aber er hat eine Ahnung, eine Vision davon, dass auch unsere alten Götter durch die Transformation eine Metamorphose erfahren werden.

Unsere systematische Bewunderung der
Anstrengung führt zur Sklaverei,
die Anstrengung hat keinen Anspruch auf
unseren Tribut ... Überanstrengung und
Ordnung verwirren sich jetzt, wobei die
„Vollbeschäftigung" die Form von Mystik
und die berühmte „Freizeit" mehr die von
Disziplinen als von Lüsten annimmt.

Für die von ihm prophezeite Umwertung des Göttlichen greift Caraco auf die christliche Religion zurück: Der himmlische Vater habe ausgedient, er sei zum Vater von Tod und Chaos verkommen und gehöre vom Thron gestoßen. An seinem Platz sieht er das weibliche Prinzip der Großen Göttin in Gestalt Marias: *„Wir befürworten die Beförderung Marias: Maria, die in den Vier Evangelien nichts war, gelangt endlich in den Himmel, von dem sie nach zwei Jahrtausenden Besitz ergreift, sie ist die wiederauferstandene Magna Mater, und Jesus ist nur noch ihr Anhängsel ...“* Doch das Bild der Gottesmutter bedürfe einer grundlegenden Korrektur, nichts dürfe mehr an die gesichts- und wortlose Frau aus den Apostelerzählungen erinnern: *„Die kommenden Jahrhunderte werden die Ganzheit der Göttin wieder herstellen, denn es genügt nicht, dass sie Jungfrau und Frau sei, sie muss überdies Hure sein und die Gestalt der Magdalena in sich aufnehmen, die zu ihrer Ergänzung noch fehlt. Dann und nur dann werden wir die Hochzeit von Himmel und Erde feiern können ...“*

Unweigerlich scheint sich zwischen diesen Zeilen das Bild eines Gesichtes zu manifestieren, das hart, schmerzhaft und unbarmherzig in die Realität des Lebens Albert Caracos zurückwirft:

Wir werden immer konservativer und halten schließlich an den veraltetsten und den beschämendsten Gestrigkeiten fest. Unsere Revolutionen sind reine Lippenbekenntnisse und wir ändern die Worte, um uns vorzugaukeln, wir änderten die Dinge.

Madame Mére, die Magna Mater seiner gescheiterten Existenz. Und wieder fordert der Widerspruch sein Recht, dieser ewige Stachel in Fleisch und Geist des Propheten. Der Spekulation sei erlaubt, über die Schwelle zu treten: War Mutter Elisa für den kleinen und den heranwachsenden Albert eine Art Amalgam aus Geist und Fleisch? War sie Vater und Mutter in einer Person? War der Vater für den Jungen emotional abwesend oder gar nicht existent? Oblag es der Mutter, diese Rolle zusätzlich zu übernehmen? War sie deshalb so sehr darauf bedacht, dass der Junge die moralischen Ordnungen nicht missachtet? Jedenfalls zeigt sich in den Schriften Albert Caracos, wie ambivalent sein Frauenbild war. Es ging von Hass und Ekel über Gleichgültigkeit bis hin zur religiösen Idealisierung.

Vielleicht war Madame Mére für den Sohn ein misslungenes Opus magnum, ein gescheitertes alchemistisches Werk der Vereinigung aller Gegensätze, eine chymische Hochzeit, die den Keim des Zerstörerischen schon in sich trug – jenes Thema, das für Albert Caraco zum einzigen Lebensthema werden würde.

Obwohl es die Moral nicht zugibt und es nicht zugestehen kann, der beste Mensch auf Erden ist weder tugendvoll noch pflichterfüllt, weil Pflicht und Tugend uns nicht angeboren sind, die Tugend eignen wir uns zu, der Pflicht obliegen wir, und beide schüren die Unmenschlichkeit, an welcher sich unser Gewissen weidet.

Der Spiegel und die Ähnlichkeiten

Albert Caraco ist nicht einzuordnen, weder als Mensch noch als Autor. Sicher war er psychopathologisch auffällig – aber das waren und sind viele andere Schriftstellerinnen und Schriftsteller auch. Er litt gewiss unter einer sexuellen Neurose, möglicherweise auch einer sozialen Phobie, erlebte vielleicht ein frühkindliches Trauma oder hatte sonstige schwerwiegende psychische oder soziale Probleme, die heute im Dunkeln liegen. Aber ohne dieses weitgehend im Nebel verborgene Leiden am Leben wäre er nicht zu dem geworden, was er letztlich sein wollte: ein prophetischer Philosoph, ein Hofnarr der Philosophie. Er konnte es in diesem Leben, das er so hasste, nur so lange aushalten, weil er glaubte, einen für die ganze Menschheit wichtigen Auftrag zu haben. Ohne diesen persönlichen Lebenssinn hätte er den Suizid gewiss viel früher begangen.

Jeder Versuch einer Kategorisierung muss ins Leere laufen. Er war nihilistisch, und doch hatte er die Vision einer neuen, guten Ordnung für die Menschheit. Er verherrlichte die Zerstörung, aber nur, um das alte System zu vernichten. Er

Unsere Autoritäten wissen nichts, können nichts, taugen nichts, ersparen uns nichts und verstehen sich lediglich darauf, uns mit Schwindeleien einzulullen, zu dem einzigen Zweck, sich ihre erworbenen Rechte zu erhalten und ihr Dasein auf Dauer zu sichern.

hasste die Religionen, sprach aber vom Kommen neuer Götter in einer neuen Zeit. Unzählige solcher Widersprüche lassen sich in seinem ganzen Denken und Schreiben finden, sei es der Frauenhass und die Verherrlichung des Matriarchats oder die Abscheu vor dem Sexuellen und das Loblied auf den Eros. Dann seine irritierenden Äußerungen, die sich als rassistisch, sexistisch, kolonialistisch, monarchistisch, ja auch antidemokratisch verstehen lassen. Und schließlich seine radikal antinatalistische Einstellung, die ihm den Vorwurf einbrachte, inhuman und menschenverachtend zu sein.

Caraco unternahm nie den Versuch, die Spannung zwischen diesen Einschätzungen zu relativieren oder gar aufzuheben. Dazu war er zu sehr Prophet. Und ein Prophet laviert nicht, wägt nicht ab, zeigt weder Empathie noch Toleranz für andere Ansichten. Diese präsentiert er im offenen Widerspruch, nicht im Abwägen der Argumente. Er hat eine einzige Botschaft, und er sieht sich von der Geschichte oder der Vorsehung beauftragt, diese zu verbreiten – selbst dann, wenn sie niemand hören will. Sinngebung als Selbsttherapie – nicht um die quälende Krankheit zu heilen, sondern sie so lange am Leben zu halten, bis sie ihren Zweck erfüllt hat.

Wenn Platon wieder auf die Welt kommen und die Moral des Biedermannes Kant betrachten würde, hätte er den kategorischen Imperativ für ziemlich geschmacklos befunden ... Kant ist kein Erbe der Griechen, dieser Magister erscheint mir wie ein Schrumpfgermane.

Wie ist es angesichts dieser verqueren Konstellationen möglich, die Figur Albert Caraco einzuschätzen, ohne sich gängiger Etikettierungen zu bedienen? Versuchen wir es mit dem Bild des Spiegels.

Stellen wir uns Albert Caraco als einen Menschen vor, der abgrundtief an der Dekadenz der menschlichen Gesellschaft leidet. Der melancholischen und pessimistischen Grundverfassung seiner Psyche gemäß sieht er für diese keine Zukunft. Er ist überzeugt, dass die von den Menschen aufgebaute Welt zugrunde gehen muss. Diese Erkenntnis schockiert ihn bis ins Mark. Er will aufbegehren, kann es aber nicht. Seine Lebensuntüchtigkeit zwingt ihn in die Isolation seines Zimmers in der elterlichen Wohnung, und somit in die Passivität. Caraco findet im Schreiben eine Möglichkeit, sich zur Wehr zu setzen und seinen unterdrückten Aggressionen einen Weg zu bahnen. Er spürt, dass er seine Überzeugungen eigentlich hasst: sein Hochhalten des asketischen Verzichts, seine Ablehnung von Liebe und Geschlechtlichkeit, eine im Verkehr mit der Außenwelt allzu oft zur Schau gestellte (und gespielte) Höflichkeit und Nonchalance. Er empfindet Hass auf sich selbst. Zu scharfer Analyse fähig macht er den Zustand der Welt für diese Misere

Wenn man eines Tages wissen will, wer unsere wahren Götter waren, wird man uns aufgrund unserer Werke und niemals unserer Prinzipien beurteilen müssen.

verantwortlich und projiziert sein eigenes Elend auf die Menschheit als Ganzes. Er merkt, dass sein Leben und sein Seelenzustand im Grunde genommen ein Spiegelbild der menschlichen Gesellschaft und des Zustandes der ganzen Welt ist. Bewusst oder unbewusst entschließt er sich, dieser Welt und dieser Gesellschaft sich selbst als Spiegel zu präsentieren. Und das tut er, indem er schreibt. Er antwortet dem Verfall der äußeren Welt, indem er ihr seinen eigenen vor Augen hält. Möge sie ihn an der Ähnlichkeit erkennen.

Caraco bedient sich hier des homöopathischen Prinzips, dass Ähnlichkeiten heilen können: Simila similibus curentur, möge Ähnliches durch das Ähnliche geheilt werden. Diese Auffassung ist ihm nicht fremd, wenn man das Bild vom Lauffeuer heranzieht, das nicht durch Wasser, sondern nur durch ein Gegenfeuer gelöscht werden könne. Doch so einfach ist es nicht: Das Heilsame muss aus einer anderen Ebene kommen, es muss ähnlich, darf aber nicht gleich sein. Die Homöopathie benutzt die Verdünnung, das Potenzieren durch schrittweises Entmaterialisieren. Caracos Potenzen sind seine in Worte gekleideten Bilder, Metaphern und Visionen. Dabei bietet er sie als eine Art „literarische Homöopa-

Ich gehe den Weg weiter, den ich mir
vorgezeichnet habe, und dieser Weg steht
jetzt offen, ich werde nicht lange alleine
und einsam auf ihm gehen, meine Ideen
fehlten dieser Welt, und die sie sich zu
eigen machen werden ein neues Volk
zwischen Systemmenschen und Anarchisten bilden … ich will, dass das weibliche
Prinzip über die Gründung zukünftiger
Gemeinwesen herrsche … Es ist nicht die
Utopie, die ich lehre, es ist eine Wahrheit,
die ich ahne.

thie" an. Möge sie die „maligne Homopathie" heilen, unter der die Welt so sehr leidet, diese „Menschkrankheit" des Planeten, die sie von innen her aufzehrt und zu töten droht. Doch macht er sich hier keine allzu großen Hoffnungen. Für ihn ist der Tod die einzig mögliche Heilung. Da er aber kein Nihilist ist, beschwört er den Neuanfang, die Auferstehung, und sei diese nur ein Wiederanknüpfen an ein längst verlorenes Ideal.

Soll man (darf man) Albert Caraco heute noch lesen? Einiges von dem, was er niederschrieb, ist heute aktueller denn je, deshalb: Ja. Aber man darf in ihm keinen Guru und keinen Lehrmeister sehen. Man muss ihn lesen als das, war er eigentlich war: als Propheten. Propheten verkünden keine Ordnung, die Unsicheren Sicherheit und Suchenden Heimat bieten kann. Propheten legen die Finger in die Wunden ihrer Zeit. Manche reißen diese auch noch weiter auf, damit die stinkenden Geschwüre, die in ihrem Grund wuchern, für alle sichtbar werden. Albert Caraco war ein solcher. Wenn man Caraco liest, dann ist es nötig, auf diese Wunden zu schauen, und nicht auf die Hässlichkeit des Fingers, der auf sie zeigt.

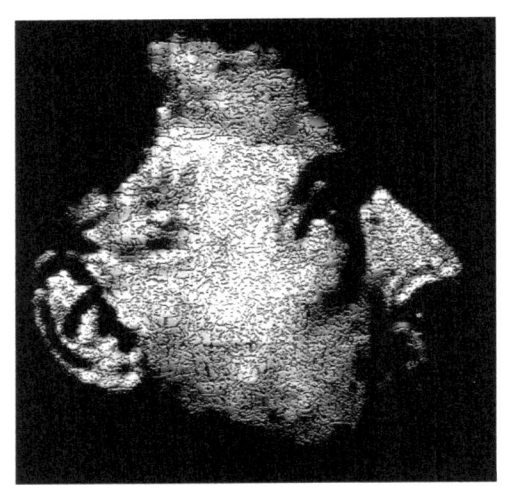

Der Autor

Jan J. Laurenzi ist ein Pseudonym. Der Autor ist Schriftsteller und veröffentlicht seit Jahren in einem Spezialgebiet. Seit seiner Jugend beschäftigt er sich zudem intensiv mit philosophischen, medizinischen, religiösen und spirituellen Themen. Sein Wahlspruch ist ein Aphorismus von Martin Walser: *„Nichts ist ohne sein Gegenteil wahr"*.

Die Quellen

Die Zitate und Bilder entstammen folgenden Quellen:

- Albert Caraco: Brevier des Chaos, Verlag Matthes & Seitz, 1986
- Albert Caraco: Mein Bekenntnis, in: Ich gestatte mir die Revolte, herausgegeben von B. Mattheus und A. Matthes, Verlag Matthes & Seitz, 1985
- Société des Lecteurs d'Albert Caraco auf http://albert-caraco.blogspot.com/

Caracos Gesamtwerk ist auf Französisch im Verlag L'Âge d'Homme, Lausanne erschienen.

Empfehlung

Jan J. Laurenzi:
Am Klima geht die Welt nicht zugrunde.
Offener Brief von Planet Erde an Homo sapiens
BoD, 80 Seiten, € 9,00 / E-Book € 6,99

Dies ist ein fiktiver Brief der Erde an den Menschen. Grund ist der desolate Zustand, in dem sich der Planet befindet. Eine umfassende ökologische Katastrophe scheint unabwendbar, deren Grundursache der Klimawandel zu sein scheint. Doch die Erde warnt: *„Macht es Euch nicht zu einfach. Es gibt noch größere ökologische Gefahren als den Klimawandel. Die größte aber ist die Mentalität des ‚Human first', die alles dem Wohlergehen der Gattung Mensch unterordnet."* Es sind unbequeme Wahrheiten, die Planet Erde benennt. Die damit verbundenen Forderungen werden Widerstand hervorrufen, möglicherweise auch einen Aufschrei der Empörung. Dabei erscheinen sie aus Sicht des Planeten nur folgerichtig und alternativlos.

Weitere Bücher

◎ Jan J. Laurenzi:
Flores Lunae, Worte aus den Wogen der Nacht (Gedichte)
BoD, 78 S. € 7,95, E-Book € 5,99

◎ Jan J. Laurenzi:
Fuck & smile, Die Ästhetik der Begierde (Erotische Gedichte)
BoD, 68 S. € 7,95, E-Book € 5,99

◎ Jan J. Laurenzi (Hrsg.):
Traum treibt mich um – Maria Luise Weissmann: Im zarten Schwingen mit der Welt – Eine kleine Anthologie
BoD, 80 S. € 9,95, E-Book € 6,99

◎ Jan J. Laurenzi (Hrsg.):
Nur nicht so tropfenweis verbluten – Ada Christen: Verloren zwischen Wut und Liebe – Eine kleine Anthologie
BoD, 84 S. € 9,95, E-Book € 6,99

◎ Elisabeth Dauthendey / Jan J. Laurenzi:
Frau Lollas sieben Lieben – Eine erotische Novelle.
Mit dem einführenden Essay: „Corona, Angst und Eros"
BoD, 88 S. kartoniert: € 12,95, Fadenbindung: € 24,95, E-Book 9,49

◎ Pierre Louys / Maria Luise Weissmann / Jan J. Laurenzi:
Mytilenische Elegien – Das zweite Buch aus „Die Lieder der Bilitis"
BoD, 76 S. kartoniert: € 12,95, Fadenbindung: € 24,95

Mehr Infos unter:
www.jan-j-laurenzi.de